AF384482

ANALYSE
DES PRINCIPES
DE
M. J. J. ROUSSEAU.

A LA HAYE.

M. DCC. LXIII.

ANALYSE

DES

PRINCIPES

DE

J. J. ROUSSEAU.

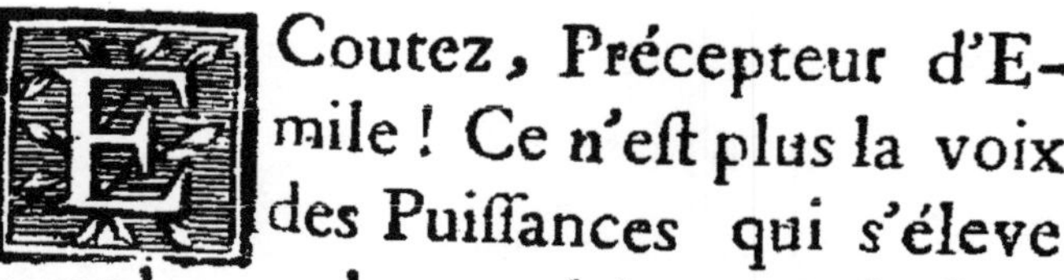

.....'*Cantas , cum fractâ te in trabe pictum ,*
Ex humero portes. Perfe , Sat. 1.

Coutez, Précepteur d'E-mile ! Ce n'eſt plus la voix des Puiſſances qui s'éleve pour lancer les anathêmes & la foudre. Un Citoyen , un Particulier vient vous parler. Il aime la vérité :

A

il se flate de vous égaler par son zele pour le bien public. Rival des qualités qu'il respecte en vous, mais rival honnête & généreux, il ne voit avec douleur que l'emploi que vous en faites. Quelque mépris que vous affectiez pour la gloire, celle qui naît des vertus est précieuse au cœur qui les chérit. Au nom de cette gloire, mobile nécessaire à l'homme civil que vous avez tant étudié, déridez votre front, daignez supposer qu'il est possible que vous ne soyez point à l'abri de l'erreur. Après tout, vous êtes né malheureusement d'un pere civilisé : la société des humains est perfide : quelque prémuni qu'on soit contre le poison, il conserve toujours sa puissance contagieuse. Le moindre préjugé qui subsiste, qu'on n'a pas vû, qu'on n'a pas senti, n'est rien moins qu'une source d'égaremens. Un excellent Chrétien, tel que vous prétendez l'être, connoît & pratique la modestie. D'après vos professions de foi, il me semble vous voir quelquefois anéanti devant la Divinité, confessant la foiblesse des créatures, & doutant au moins quelques instans de la sublime infaillibilité de votre raison.

J'ai lu vos Œuvres : j'ai admiré votre éloquence : la subtilité de vos argumens m'a dévoilé les ressources de votre génie : vous croirez à cet aveu. Pour mériter encore mieux l'estime que vous accordez à la vérité, j'ajouterai que mon cœur & mon esprit ont souvent nié vos majeures. Ce nouvel aveu n'est pas poli ; mais vous me l'avez appris ; la politesse énerve l'ame. Il faut être vrai : d'ailleurs un homme de plus qui aura eu tort avec vous, ne troublera pas la paix de votre retraite. Vous m'attribuerez le motif qui vous plaira. Je le confesse de la meilleure foi, l'amour de la vérité, l'amour de ma patrie me paroissent être mes seuls guides.

Au surplus, *de méprisables insectes* ont bien pu *émouvoir les Puissances.* * *Les levains* ont bien pu *échauffer par leur pourriture & mettre le Parlement en fermentation. Une risible cause* à bien *ligué les Etats de l'Europe.* Le Prélat de Paris, en sévissant contre vous, est bien devenu *le satellite & l'instrument de l'animosité des Jansénistes.* Cette République, dont vous aviez jugé les Chefs *autant audessus des autres Magistrats, qu'un peuple libre est, par ses lumieres & sa raison,au-dessus de la populace des au-*

---

* Lettre à M. l'Arch. de P, *pag.* 10.

tres Etats. * Genève même a bien oſé
vous prouver un avilleſſement ſi pro-
fond, que *l'honneur & la raiſon vous
ont preſcrit d'y abdiquer à perpétuité le
droit de Bourgeoiſie & de Cité.* **

Je n'ai point à eſpérer d'être traité
de votre part avec la même diſtinc-
tion que les Puiſſances, les Prélats &
les Magiſtrats. Mais, en conſcience,
examinez-vous : au premier inſtant
de calme dont vous jouirez, que
votre eſprit ſe peigne, & juge un
homme inſultant avec cette audace
la Patrie où il eſt né, le Gouvernement ſous lequel il eſt venu vivre,
& taxant d'ineptie, d'ignorance, de
fureur, d'injuſtice & de barbarie, le
corps & les membres. D'après cela,
l'Arrêt eſt prononcé. Auteur d'E-
mile ! rendez-y hommage : vous n'en

---

* Préface du Diſcours ſur l'inégalité.
** Lettre au Synd. de la Rép. de Gen.

ferez rien. Il faut donc vous suivre pas à pas, parcourir l'édifice que vous avez prétendu élever à votre justification dans votre Réponse au Mandement du Prélat de Paris. Entrons en matiere.

A quarante ans, vous devenez homme de Lettres par votre *mépris même pour cet état. Dès-là, . . . * le repos & les amis disparurent : tantôt, ajoûtez-vous, j'étois un homme noir, & tantôt un Ange de lumiere. . . . . . ** Dans la même année, vanté, fêté, recherché même à la Cour ; puis insulté, menacé, détesté, maudit. Les soirs on m'attendoit pour m'assassiner dans les rues : les matins on m'annonçoit une Lettre de cachet. . . . *** Ainsi va flottant le sot Public sur mon compte, sachant*

---

* Lettre à M. l'Arch. de P. pag. 2.
** Ibid. pag. 3.
*** Ibid. pag. 4.

aussi peu pourquoi il m'abhorre, que pourquoi il m'aimoit auparavant.

En vérité, voilà un étrange tableau. Comment osez-vous l'offrir ? Est-il soutenable ? Faut-il en plaisanter comme d'une folie ? Est-ce un assemblage d'injures grossieres ? Je n'en juge point: je me borne à demander aux gens sensés : Qu'est-ce qu'un homme, embrassant librement, & de son choix, un état qu'il méprise? J'ai voulu, direz-vous, en prouver le danger. Bon : vous croyez que le caffé, par exemple, est un poison pour les François, & vous en faites arriver de nouveau dans toutes leurs villes, afin qu'ils ayent le plaisir d'être infectés par vos bons soins. Passons cela: mais pourquoi, je vous prie, dans l'opinion où vous êtes, ne pas vous en tenir du moins au premier essai ? Barbare ! vous glorifierez-vous toujours de favoir déchirer le fein de la Nourrice dont vous tenez des forces ? Eh ! fur qui retombent ces mépris ? S'il eft vrai que les colonnes les plus fermes des Empires font les vertus des Citoyens, à qui appartient-il mieux qu'aux Lettres de préparer & de raffermir ce fondement de notre bonheur & de notre durée ? Ce glaive deftiné à la défenfe de la Patrie, au moment où il paffe dans des mains indifcrettes & furieufes, devient, à la vérité, un inftrument homicide. Une imagination déréglée, le mépris des Principes, des projets d'indépendance abfolue, la recherche de foi-même toujours funefte, toujours abufée, lorfqu'on n'envifage point à quoi l'on tient, & ce qui nous entoure, la prétendue perfection originelle, l'égalité, les Romans obfcènes dans une partie de leurs détails, & dont l'Auteur publie que la lecture corrompra toute fille & toute femme honnêtes ; tels font les fléaux des Lettres. Ils font défavoués par la République : leur fiecle les note de l'opprobre qu'ils ont fi juftement mérité : la poftérité les jugera encore plus féverement.

Quel merveilleux donnez-vous à votre Hiftoire ? Nos Valets, s'ils étoient verfés dans votre art, décriroient avec la même pompe, que le matin careffés par leurs Maîtres, le foir on leur a propofé dans la taverne des coups de bâton. La comparaifon n'eft pas digne de vous. Vous vous y expofez en faifant réjaillir fur le Public le projet pendable d'un faquin obfcur. Faut-il vous confoler par l'exemple des grands perfonnages? Suivez les Courtisans dans les Palais des Rois. Sachez du Poëte du siecle, combien il a eu successivement, ou en même tems, de partisans & d'ennemis. A t-il trouvé dans les Cours les visages toujours égaux, & toujours serains? N'est-ce pas, pour ainsi dire, l'Histoire de tout le monde? Se plaindre de ces révolutions si ordinaires, c'est dégénérer en platitude. On peut les compter à son ami, quand il ne reste plus rien à lui dire. Il suffit d'avoir vu le grand jour une fois dans sa vie, pour qu'il ne soit plus permis d'offrir au Public ces petites misérables aventures. Il en est une plus remarquable à laquelle il faut s'arrêter. * *Un Génevois fait imprimer un Livre en Hollande, & par Arrêt du*

---

* Lettre à M. l'Archev. de Par. pag. 15.

*Parlement de Paris, ce Livre est brûlé
sans respect pour le Souverain dont il
porte le Privilége.* Parlons plus vrai,
M. Rousseau, & disons : Un Génevois a fixé son séjour dans la Capi-
tale de la France, ou aux environs:
depuis plusieurs années, il y est do-
micilié. Déjà il a enfanté des Livres
révoltans par leurs paradoxes. Ils sont
suivis d'un Traité d'Education. Pour
en favoriser l'édition furtive, l'Auteur fait obtenir, au nom d'un Li-
braire de Hollande, un Privilége des
Etats-Généraux. Ce Privilége n'est
point accordé sur l'examen de l'Ouvrage, mais sur la condition qu'il
n'y aura dans cet Ouvrage rien de
contraire à la Foi & aux Moeurs.
Pour éviter au Gouvernement Hollandois le soin de vérifier si la condition est remplie, on séduit un Im-
primeur de Paris, où s'est faite la

premiere édition d'Emile. La seconde est de Lyon ; ni l'une ni l'autre n'ont été faites en Hollande. D'une Imprimerie de Paris part tous les jours un Apprentif, portant au lieu de la résidence de M. Rousseau des épreuves d'Emile à corriger. Il les reçoit, s'en avoue l'Auteur ; il a traité avec nos Libraires ; son nom est à la tête de l'Ouvrage, & constaté par le Privilége de Hollande ; le Livre se répand dans le Royaume ; l'Auteur continue de s'avouer en toute occasion. Les Chefs spirituels & temporels font examiner ce Livre : après conseil pris, & mûre délibération, on condamne l'esprit & les maximes du Livre : on juge que l'Auteur doit être puni personnellement : le Souverain, dont on avoit surpris le Privilége, le révoque : Rome & Genève font également indignées. Voilà l'histoire. Ainsi *l'Ami de la vérité* ne dit pas toujours vrai, même dans l'exposition des faits.

Des faits faut-il passer aux moyens, &
reste-t-il à savoir si le Gouvernement
François a du au Gouvernement
Hollandois la politesse de ne point
prononcer sur vos Œuvres avant d'a-
voir sollicité la révocation du Privilége ? Vous voulez donc, malgré
le dommage que les mœurs ayent
à souffrir de la civilité, qu'on soit
quelquefois poli ; mais dans quel
Protocole, dans quel Traité du droit
des gens avez-vous trouvé ce cérémo-
nial? L'opinion générale nous assûre
que les Livres sont à l'esprit ce que
les alimens sont au corps. Si l'Em-
pereur de la Chine approuvoit dans
ses Etats une sorte d'aliment que le
climat y rendît salutaire, & que ce
même aliment transporté en France
sur la foi de l'Approbation Impé-
riale, fût néanmoins jugé mortel
dans nos contrées ; pensez - vous,

qu'avant de l'interdire, & de le livrer aux flammes, ou au courant de
la riviere, il fût de la dignité res-
pective des Souverains de dépêcher
une Ambassade à Pekin, pour y né-
gocier le droit de n'être pas empoi-
sonné en France ? Avouez-le, homme de Dieu ! la célébre Ambassade!
Le plaisir d'être le Secrétaire intime
de cette légation, pourroit bien
l'emporter sur les sombres attraits
de la Forêt noire.

*Ce même Parlement (de Paris),
toujours si soigneux, pour les François, de l'ordre des Procédures, les
néglige toutes, dès qu'il s'agit d'un
pauvre Etranger. . . . . . Le Citoyen de
Genève ne doit rien à des Magistrats
injustes & incompétens. . . . . . N'étant
point sommé de comparoître, il n'y est*

(a) Lettre à M. l'Arc. de Par. pag. 6.

point obligé. . . . . L'on n'employe contre lui que la force, & il s'y souftrait. . . . . Il fort de cette Terre hofpitaliere, où l'on s'empreffe d'opprimer le foible.

Ici ma pitié pour les malheureux, modere la véhémence de ma réponfe. De quel ton ne faudroit-il pas confondre la hardieffe d'un langage où le menfonge & l'ingratitude fe peignent fans pudeur ? Quelles formalités y avoit-il donc à obferver envers vous? Toutes les fois qu'il a été commis un délit que les Loix ont jugé être un crime, la sûreté des Citoyens exige qu'on s'affûre de la perfonne que la voix publique ou la vrai-femblance accufent. Cette Jurifprudence eft ou doit être de tous les Pays du monde. Alors, en même tems qu'on s'applique à vérifier les faits, on laiffe à l'Accufé tous les moyens de juftification & de défenfe.

Sans doute un Etranger qui ne tient à rien dans un Pays, doit éprouver, de la part du Ministere public, dans les démarches provisoires, une sévérité plus marquée, qu'un Citoyen, qu'il est probable de retrouver tous les jours au milieu de sa famille, ou dans l'exercice de son emploi.

Ingrat ! ouvrez les yeux, & bénissez la clémence du Ciel dans le décret même de vos Juges, & dans leur miséricorde. Si la haine cruelle que vous osez leur imputer eût passé dans leur cœur, qu'avoient - ils à faire pour l'assouvir ? On vous eût cité à comparoître. L'Officier chargé de dénoncer la sommation, eût été dépêché vers vous. On l'eût, par le même ordre, institué le gardien de votre personne, jusqu'à l'instant où vous eussiez obéi. A cet instant, le Magistrat vous auroit présenté vos

Œuvres.

Œuvres. Il auroit fallu les avouer. Aussitôt, dans le Livre des Loix, vous eussiez lu vous - même votre condamnation écrite. Eh! où en feriez-vous? A vos réclamations vaines contre la compétence du Tribunal, on eût répondu : Il est dans les constitutions de l'Univers, que l'Etranger soit puni, comme le Citoyen, lorsqu'il ose troubler le repos public du pays qu'il habite. Vous vous fussiez écrié : Barbares! vous opprimez le foible. On vous eût répondu: Nous protégeons les esprits foibles & superficiels contre les esprits forts & faux. Révolté de ces qualifications, une foule de sophismes éloquents eussent coulé de votre bouche, pour abuser les Juges. Par ces sophismes même aggravant vos torts, vous eussiez hâté la peine prononcée contre vous par les Loix.   B

Aujourd'hui, vous jouissez de l'avantage (& c'en est un, sans doute, pour votre ame), vous jouissez, dis-je, de l'avantage d'insulter aux François qui vous ont prodigué des marques de considération & de bonté, dont, peut-être, vous n'aviez pas mérité toute l'étendue. Continuez de vous déchaîner contre l'aménité d'un pays où l'on a désiré de justifier votre cœur en vous plaignant de la fausseté naturelle de votre esprit. Déclamez contre cette Nation dont chaque membre vous eût reçu avec charité dans son sein, lors même qu'ils voyoient le glaive des loix s'appésantir sur vous avec tant de justice. Du moins, n'outragez pas notre sens commun jusqu'à vouloir nous faire envisager la cause de votre ruine dans le refus d'employer vos talens contre les Jésuites.

Quant aux Janséniftes, je suis bien fâché de ne pouvoir entrer à cet égard en aucune difcuffion avec vous. La qualification feule me paroît une injure depuis l'époque de l'Arrêt qui l'a interdite, & vous êtes le feul que j'aye ici à attaquer. Jugez de quel œil nous vous regardons, quand, fans refpect pour la Magiftrature, un Procureur Général prend fous votre plume les traits d'un Jansénifte. Eft-ce ainfi que vous prétendez vous venger d'un fage requifitoire ? A quel propos nous parler de Janséniftes ? Par hazard, auriez-vous éprouvé quelqu'une des corrections fraternelles du Gazetier foi-difant Eccléfiaftique ? Mais fi vous avez noté les amis de ce Gazetier dans un Roman, fi vous les avez infulté en les mêlant parmi la proftitution d'Héloïfe, je vous le demande, qu'exige le zèle bien entendu de la charité qu'ils professent ?

Toute épisode à part , qu'importe le Délateur de vos Œuvres ? Qu'il soit Grec ou Troyen , ce sont vos Œuvres elles-mêmes qu'il faut consulter : ce sont elles qui ont dû regler les Puissances. Lorsqu'on dénonce la chronique scandaleuse d'un quartier au Lieutenant de Police, le Magistrat fait le cas qu'il doit du Délateur, & l'estime au dégré que l'exige son métier. Par une suite de cette estime , on ne le croit pas sur sa parole: on examine, & l'on compare. Telle a été la conduite qu'on a dû tenir envers les délateurs d'un Ecrivain qui prétendit se charger du soin d'être *le défenseur de la cause de Dieu.** Ah ! cessez, je vous en conjure par les entrailles de l'humanité, cessez cette fonction, ou renoncez

---

* Lettre à M. l'Arch. de P. *pag.* 8.

à vos maximes ; sinon, j'ose le prédire, il arrivera à coup sûr que (*a*) *le Prince éclairé* qui vous reçoit avec bonté, que (*b*) *le digne Pasteur résistant au torrent de l'exemple*, finiront par être saisis du *vertige des Gouvernemens* qui vous ont *persécuté*. (*c*) Généreux Citoyen de Genève ! vous refusez *d'imiter le crime de Cam* (*d*) : votre Patrie, loin de vous accueillir, ose vous (*e*) accuser d'impiété, sans songer que le livre où l'on la cherche est entre les mains de tout le monde. Vous nous l'assûrez (*f*) : *les Discours sur l'inégalité* . . . . . . *La Lettre à M. d'Alembert* . . . . . . *La Nouvelle Héloïse* . . . . . *Tous ces Livres* . . . . . respirent les mêmes

- - -

(*a*) Ibid.
(*b*) Ibid. pag. 58.
(*c*) Ibid. pag. 8. & 9.
(*d*) Ibid. pag. 7.
(*e*) Ibid.
(*f*) Ibid. pag. 12.

*maximes .... L'on y voit la profession
de foi de l'Auteur exprimée avec moins
de réserve que celle du Vicaire Savoyard.*
Nous croyons aisément que les maximes d'Emile avoient déjà dirigé
vos Œuvres ; mais je ne vois point
que dans les premieres elles *gagnent en*
force ce qu'elles perdent en étendue (a).
Il est faux que les systêmes impies y
soient à découvert. Dans le Discours
sur l'Inégalité, où il est possible de
les appercevoir, vous suivez l'homme au gré de votre esprit ; mais
l'homme animal, usant des facultés
distinctives des organes qui lui sont
propres. C'est à quoi nous vous avons
cru borné. Auriez-vous prétendu
par-là vous assûrer un titre pour
nous faire adopter ensuite la grada-
tion de vos idées ? Vous seriez le

______

(a) Ibid.

plus dangereux des hommes : vous feriez un bien cruel abus de la charité de vos freres. Prévalez-vous un peu, si vous l'osez, des suffrages accordés à Héloïse par quelques Citoyens ; étonnez-vous vous-même de la liberté dont on vous a laissé jouir après la lecture de votre Préface. Un homme, affichant la vertu, fait imprimer six Volumes, dont il prévient que la lecture doit corrompre infailliblement, toute fille & toute femme honnêtes. En vérité, ne peut-on pas vous appliquer ici le jugement de Socrate sur les Poëtes, cité par vous-même dans votre Discours à l'Académie de Dijon ? *Je les regarde, disoit-il, comme des gens dont le talent en impose à eux-mêmes, & aux autres, qui se donnent pour sages, qu'on prend pour tels, & qui ne sont rien moins.* Le Gouvernement François ne fait pas enfermer tous les fous. Il a bien voulu ne pas vous juger un monstre ; on est l'un ou l'autre, lorsqu'on ne rougit pas d'offrir au Public un Livre qu'on présume devoir perdre les mœurs d'une portion précieuse de la République.

Je n'observe rien sur les motifs que votre plume audacieuse prête à un des plus respectables Chefs de l'Eglise de Dieu. Non, votre cœur ne les lui a jamais imputés ; il vous dit, au contraire, & vous dit hautement, que ce Prélat ne connoît de bienséances d'état que la loi de sa conscience droite, & les mouvemens de son zèle Apostolique. Assez loué par l'excellence de l'ame la plus pure & la plus généreuse, vos vains éloges sont placés au rang de vos fausses & indécentes Satyres : car j'adoucirai toujours les termes.

Ce

Ce n'eſt pas du glaive de l'Evangile que je m'apprête à vous frapper. Ma main profane eſt peu digne de la majeſté de ces Armes divines. Un homme né Proteſtant, qui a renoncé à ſa premiere croyance, qui enſuite eſt rentré dans le Proteſtantiſme, qui finit par prouver à l'Univers qu'il ne croit qu'à ſa raiſon naturelle ; un tel homme peut, ſans doute, tout oſer, s'élever ſuperbement une chaire pour prêcher la révolte contre les Succeſſeurs & les Miniſtres du divin Légiſlateur des Chrétiens, inſulter à l'Evangile, en jurant aux hommes qu'il le révere. Pour moi, je n'aurois qu'à répéter les paroles d'un Mandement contre lequel toutes les récriminations artificieuſes, tous les ſophiſmes éloquents, toute la ruſe du menſonge qui s'efforce d'être impénétrable,

C

vont échouer , ainsi que les ondes en fureur se brisent contre le rocher ferme. Vaincu, terrassé par le glaive sacré , il vous restoit une ressource ; vous pouviez tirer votre gloire de votre défaite , & former désormais des raisonnemens moins contradictoires avec les caractères du Citoyen & du Chrétien. Que faites-vous au contraire? Des mains du désespoir & de la rage, si naturels aux cœurs endurcis , empruntant de nouvelles armes , vous les aiguisez à *Môtiers* : de-là, votre bras téméraire s'efforce de lancer sur nous de nouveaux traits empoisonnés. Vous les lancez sur votre propre Patrie. Elle gémit encore des troubles que vous y avez répandus. A ces traits impuissans , il seroit peut-être convenable de ne rien opposer. Mais avec les raisonneurs, il faut de la constance , lorsque dans l'excès même du désordre, ils savent intéresser par quelque qualité.

D'abord sappant par les fondemens les colonnes sur lesquelles votre édifice s'appuie , je n'aurai plus qu'à vous chercher vous-même au milieu des débris.

L'homme , dites-vous (a), est un être naturellement bon , aimant la justice & l'ordre.... Il n'y a point de perversité originelle dans le cœur humain... L'unique passion qui naisse avec l'homme, savoir l'amour - propre , est une passion indifférente en elle-même au bien & au mal.... La conscience est nulle dans l'homme qui n'a rien comparé ... Dans cet état, l'homme ne hait, ni n'aime rien.... Borné au seul instinct physique, il est nul, il est bête. Premier principe & premier état.

____

(a) Lettre à M. l'Arch. de P. pag. 15. 16. & 17,

C ij

*Quand ... (a) les hommes commen-
cent à jetter les yeux fur leurs femblà-
bles, ils commencent auffi à voir leurs
rapports, & les rapports des chofes ...
Le beau Moral commence à leur devenir
fenfible, & la confcience agit. Alors
ils ont des vertus; & s'ils ont auffi des
vices, c'eft parce que leurs intérêts fe
croifent, & que leur ambition s'éveille
à mefure que leurs lumieres s'étendent.
Mais tant qu'il y a moins d'oppofitions
d'intérêts que de concours de lumieres,
les hommes font effentiellement bons.*
Second principe & fecond état.

*Quand enfin .... (b) l'amour de foi,
mis en fermentation, devient amour-
propre, que l'opinion rendant l'Univers
entier néceffaire à chaque homme, les
rend tous ennemis nés les uns des au-*

(a) Letre à M. l'Arc. de Par. pag. 17.
(b) Ibid. pag. 17 &. 18.

autres, & fait que nul ne trouve ſon bien que dans le mal d'autrui ; alors la conſcience, plus foible que les paſſions exaltées, eſt étouffée par elles, & ne reſte plus dans la bouche des hommes qu'un mot fait pour ſe tromper mutuellement . . . . Nul ne veut le bien public que quand il s'accorde avec le ſien . . . C'eſt ici que je commence à parler une Langue étrangere, auſſi peu connue des Lecteurs que de vous. Troiſiéme principe, & troiſiéme état.

Vous avez dit vrai : nous n'entendons point cette Langue, & nous vous défions vous-même de l'entendre, tant elle eſt bizarre & inintelligible. Ici je ſerois tenté de vous livrer à vous-même. Vos pièces d'artillerie mal-adroitement rangées, ſe détruiſent réciproquement. Mais il importe que vos yeux s'en aſſûrent. Approchons les flambeaux. *L'homme,* dites-vous, dans l'état de Nature, est naturellement bon, aimant la justice & l'ordre. Comment donc entendez-vous, que dans ce même état, l'homme ne hait, ni n'aime rien; que, borné au seul instinct physique, il est nul, il est bête? C'est, ajoutez-vous, ce que j'ai fait voir dans mon discours sur l'Inégalité, & Dieu sait ce que signifie cette phrase, combien vous prétendez nous dire que vous avez prouvé, démontré, fouillé jusques dans la racine, & mis le systême dans un plein jour. Quel jour radieux, en effet, ne voit-on pas répandu sur un *Etre naturellement bon, aimant la justice & l'ordre, qui ne hait, ni n'aime rien; qui, borné au seul instinct physique, est nul & bête* ! Cet ensemble est frappant. Nous y voyons le caractère d'un Envoyé du Ciel pour éclairer les chétives créatures. Reptiles ! quadrupedes! espece volatile ! vous êtes quel-

que chofe, quoique vous foyiez bêtes,
vous êtes bornés à l'inftinct phyfique,
vous ne connoiffez rien au-delà, parce que vos notions ne peuvent être
fondées que fur votre inftinct. Pour
nous, voici ce qui nous différencie :
nous fommes nuls, quoique ayant
l'honneur d'être doués de l'inftinct
des brûtes ; nous fommes de bonnes
& douces brebis, bornées à l'inftinct
phyfique, ayant toutefois des notions de juftice & d'ordre que nous
aimons : le plus merveilleux de nos
attributs eft de ne haïr néanmoins,
& de n'aimer rien.

Par parenthèfe, permettrez-vous
quelques légeres queftions ? Qu'entendez-vous par bonté, par juftice,
& par ordre ? Nous, gens à préjugés, lorfqu'on nous parle de bonté,
nous y attachons l'idée de bienféan-
ce ; nous entendons par juftice,

l'acte qui rend à chacun ce qui lui appartient, *reddere cuique fuum.* L'ordre eft une diftribution qui met chaque chofe à fa place, ou un calcul de nombres. Comment votre homme factice eft-il capable de ces vertus ? Je veux bien le fuppofer né fort & vigoureux, & dans la faifon même du gland, forti du fein de la terre, dans l'état où Pallas fortit du cerveau de Jupiter. Mais il eft ifolé, il ne tient à rien ; les facultés de l'être intelligent font dans cet homme dépendantes des organes. Sa bonté fe renferme donc tout au plus en lui-même. Alors je ne vois pas en quoi elle eft différente de celle du crapaud : *Et erant valdè bona.*

Pour la Juftice, je défie bien un pareil être d'en éprouver les mouvemens. Elle n'eft & ne peut être conçue chez lui qu'en tant qu'il rendroit à chacun ce qui lui appartient. Je ne vois point le *chacun* : il est donc impossible qu'on lui rende.

Quant à l'ordre, l'imagination de cet homme n'en est sûrement pas fatiguée. La premiere, la seconde, la milliéme place lui appartiennent. Si je voulois suivre ces réflexions, & juger l'homme tel que vous le peignez, croyez-vous qu'il y eût quelques difficultés à démontrer, que ce n'est qu'avec le *tien* & le *mien* qu'ont pû commencer philosophiquement la bonté, la justice, & l'ordre ?

Sublime effort de génie ! développez-vous : la carriere est heureusement commencée. *L'amour-propre unique passion qui naisse avec l'homme, est indifférente en elle-même au bien & au mal.* C'est-à-dire, qu'en nous aimant nous-mêmes, étant présupposés êtres intelligents, aimant la justi-

ce & l'ordre, nés sans perversité originelle , nous nous porterons indiffé-
remment vers la justice qui nous plaît,
où l'injustice de laquelle nous n'a-
vons pas le germe , vers l'ordre que
nous aimons , ou vers le désordre ,
quoique dans cet état il nous ré-
pugne essentiellement.

Vulgaire grossier qui couvrez la
terre ! vous croiriez peut-être qu'en
tenant de la Nature l'amour de la
justice & de l'ordre , votre conscience seroit constituée , vous offriroit
l'image du bien ; vous y entraîne-
roit. Point du tout ; votre conscience est *nulle*. Afin qu'elle agisse &
qu'elle vous guide , attendez d'avoir
comparé les rapports des choses, le
bien & le mal.

Comment le connoîtrez-vous ce
mal , vous , nés sans perversité origi-

nelle , qui aimez la justice & l'ordre?
Vous allez l'apprendre. Ce sera en
commençant à jetter les yeux sur vos
semblables. Alors vous aurez des
vertus & des vices : car, gardez-vous
bien de croire que l'amour inné de
la justice & de l'ordre, que la bonté
originelle , ayent encore pu consti-
tuer un être vertueux. Voici donc
les hommes que le hazard rassemble ,
qui s'observent , qui voyent leurs
rapports , & les rapports des choses.
Susceptibles de *perfectibilité* , cette
perfectibilité même va creuser leur
abîme. N'oublions pas que ces hommes sont tous de la même nature ,
aimant tous la justice & l'ordre , également nés sans perversité originelle.
S'il naissoit aujourd'hui une famille
de tels hommes , nous jugerions sans
doute , que tout dans leur Société
tend à la justice & à l'ordre , que

dans la communication de leurs lumieres, l'imperfection des idées seroit rectifiée; que dépourvus de mauvais penchans, le vice seroit pour eux sans attrait. Stupides mortels! voyez & admirez: un prodige du Ciel va embraser nos villes, sans principe de feu, faire lever la pâte sans levain. Les vapeurs les plus saines, les plus odoriférantes, en se mêlant avec l'air le plus épuré, vont infecter la terre; des hommes sains & vigoureux sans principe de corruption, tandis que tout concourt au contraire à maintenir les esprits vitaux dans leur équilibre & dans leur marche, vont périr par ce même concours. O hommes! que vous ignoriez de merveilles habilement développées, par le Précepteur d'Emile! ô Lecteurs! redoublez d'admiration.

Le beau Moral ne devient sensible aux hommes qu'à l'instant où *ils commencent à jetter les yeux sur leurs semblables.* Quelle est donc l'intelligence de l'homme ? Qu'est-ce que son ame ? Quelles sont les opérations de la raison ? Constitué de deux substances, la plus vile est donc la seule active. Tandis que l'être sensitif se porte de lui-même vers tous les objets qui lui sont propres, l'être intelligent ne sent donc rien de ce qui constitue sa noblesse, & il s'ignore, il est sans idées, il n'a de sentimens que ceux de l'animal. *Les vices s'emparent de leurs cœurs, parce que leurs intérêts se croisent, & que leur ambition s'éveille à mesure que leurs lumieres s'étendent.* L'ambition s'éveiller ! maître éclairé ! C'est ici, sans doute, un terme à effacer de votre Livre, & un article pour l'*Errata.* Dites-nous que l'ambition naît ; nous vous entendrons, si nous pouvons : mais qu'elle s'éveille, il n'y

a pas moyen. Comment pourroit s'é-
veiller une paſſion déréglée dans un
être né ſans perverſité originelle? Le
réveil des paſſions ſuppoſe leur exiſ-
tence : or comment la ſuppoſer,
lorſqu'on n'en a pas même le germe?
Cette expreſſion, que je vous invite
à réformer, ſeroit-elle, par hazard,
un cri ſemblable à celui de l'im-
pie qui, traîné au ſupplice pour avoir
refuſé de croire en Dieu, fut trahi
par ſa conſcience, en invoquant dès
ſa premiere torture le Nom de l'E-
tre Tout-puiſſant.

*Quand enfin l'amour de ſoi, mis en
fermentation, devient amour-propre,
que l'opinion rendant l'Univers entier
néceſſaire à chaque homme, les rend tous
ennemis nés les uns des autres, & fait
que nul ne trouve ſon bien que dans le
mal d'autrui ; alors la conſcience . . .
ne reſte plus dans la bouche des hommes
qu'un mot fait pour ſe tromper, &c.*

Qu'elle est idéale la distinction que vous faites entre l'amour de soi, & l'amour-propre! Pour ne point m'arrêter ici à une dispute de mots, j'en appelle à la voix publique. Quoi qu'il en soit, s'il est une distinction à faire; je prétends que c'est de la Nature que nous tenons *l'amour-propre*, que l'ordre social seul le modifie & nous ramene à *l'amour de soi*. C'est ce que j'aurai lieu, & que je me flatte de rendre sensible dans un des articles de cette Lettre. Passons à *l'opinion rendant l'Univers entier nécessaire à chaque homme*. De la conséquence que vous en tirez je vois découler naturellement la plus affreuse morale; n'attendez pas que je la dévoile. Toutes les images propres à détruire le caractère de Citoyen me semblent odieuses. Efforçons-nous au contraire de graver ce caractère dans tous les coeurs, ne négligeons aucun des ſoins propres à y réuſſir.

L'Univers eſt devenu par l'opinion *néceſſaire à chaque homme* ; donc tous *les hommes ſont ennemis nés les uns des autres*. La belle conſéquence! Vous nous avez cité pour preuve, dans quelqu'une de vos Œuvres, le Militaire ſoupirant après la guerre ; le Médecin déſirant des malades ; le Courtiſan cabalant la ruine du Miniſtre dont il envie la place ; le Prêtre, ſi je ne me trompe, ravi d'entendre la cloche qui fait retentir des ſons funébres, &c.

Que je préfére à ces objets mal vus & mal raiſonnés, l'apologue des membres révoltés. Celui-ci me décide à ſervir ma Patrie ; j'y vois d'une maniere ſenſible que la deſtruction & la ruine de l'Etat ſuivent néceſſairement de l'infidélité des Sujets rébelles à l'ordre; que dans la ruine

ne de l'Etat, la mienne est envelop-
pée; par conséquent n'eussé-je, pour
me guider, que l'amour de moi-même, me voilà suffisamment averti de
ne point me révolter contre l'ordre.

Examinons à présent s'il est vrai
que vous ayez mal vu & mal raison-
né les exemples que je viens de citer
d'après vous. Le Militaire désire la
guerre, donc il est ennemi né du
genre humain; approfondissons ce
désir. D'abord il est moins général
que vous le prétendez; & je soutiens
qu'il n'est aucun Militaire François,
qui, à la veille d'une guerre, ne si-
gnât la perpétuité de la paix, si les
conditions en étoient honorables à
son Roi & à sa Patrie. Ce n'est donc
jamais la guerre elle-même que désire le Militaire; mais bien la gloire
de maintenir l'honneur de sa Nation,
de servir son Maître, de conserver

ses foyers, de faire respecter le nom François par les Nations jalouses de ses avantages, de réduire enfin celles-ci aux hommages qu'entraînent le mérite & les vertus.

Le Médecin désire, non pas précisément des malades, mais d'être appellé pour guérir des maladies. Le Courtisan, qui prétend au Ministere, envisage la confiance du Roi, le plaisir de servir sa famille & ses amis, peut-être l'honneur de faire bien mieux que l'homme en place, que la Nation entiere poursuivroit de sa haine, ou qui ne sçauroit employer aucun moyen pour la rendre heureuse. Le Prêtre est plus flatté d'un Mariage & d'un Baptême, que d'un Enterrement; ainsi des autres. Ainsi est-il injuste d'imputer le désir prémédité du mal d'autrui, puisque dans le vrai ce n'est qu'un bien qu'on envisage.

Le cœur humain ne peut aimer ou haïr sans des motifs personnels : s'il étoit livré aux purs mouvemens de la Nature, il voudroit tout ce qui flatte les appétits des sens. Dans l'ardeur même de cette volonté, parmi tous ses soins à remplir l'étendue de son orgueil, ce n'est pas l'homme puissant qu'il abhorre ; c'est la puissance dont il veut jouir : la preuve en est qu'il fera demain le protecteur bienfaisant de l'homme en place qu'il a destitué aujourd'hui.

Quand enfin tous les intérêts particuliers agités s'entrechoquent...... La conscience...... ne reste plus dans la bouche des hommes qu'un mot fait pour se tromper.

Daigne le Ciel nous éclairer, & nous faire comprendre comment un concours d'hommes également bons

& juftes, fans germe de vices, pourroient connoître d'autres intérêts
que ceux de la juftice & de l'ordre, éprouver des mouvemens, &
concevoir des idées qui y fuffent
contraires!

Quant à la confcience, elle me paroit
fi fort être le plus cruel bourreau des
méchans, que fi par hazard elle n'eft
qu'un mot, c'eft du moins un mot
bien terrible, & dont la puiffance
ne peut fe borner à répandre l'illu-
fion.

Mais ne laiffons aucun doute fur
l'homme fabriqué par J. J. Expofons-
le fous un point de vue auquel rien
n'échappe. Raffemblons tous fes
membres épars; je les retrouve dans
le difcours fur l'inégalité, & dans la
réponfe au Mandement.

Naturellement bon, aimant la jufti-

ce & l'ordre , sans perversité originelle, indifférent au bien & au mal , borné au seul instinct physique , nul & bête ; les seuls biens qu'il connoît dans l'Univers sont la nourriture , une femelle & le repos. Par conséquent nulle idée du sublime Architecte de la machine du Monde, toujours muette pour lui, ne lui annonçant jamais rien qui puisse l'élever à sentir qu'il existe un Créateur. Incapable de vertus & de vices , à moins qu'on ne voulût appeller vertueux celui qui résisteroit le moins aux simples impulsions de la Nature : doüé d'une vertu naturelle, qui est la pitié ; l'unique passion qui naît avec lui est l'amour-propre : c'est la raison qui engendre cet amour-propre , & la réflexion qui le fortifie : sa pitié ne peut produire la maxime sublime de justice raisonnée : fais à autrui comme tu veux qu'on te fasse ; mais elle inspire

*cette autre maxime bien plus naturelle
& bien plus utile ; fais ton bien avec le
moindre mal d'autrui qu'il est possible.
Il fallut des siecles & des révolutions
avant qu'il pût juger qu'il y avoit moyen
de se garantir contre la rigueur des saisons en faisant des hustes de brancha-
ges : dans son cœur le désir général qui
porte un sexe à s'unir à l'autre ; le sentiment de l'amour fut borné au seul physique : assez heureux pour ignorer les pré-
férences, toute femme étoit bonne pour lui :
hors d'état d'avoir des notions de mérite
& de beauté, il n'étoit pas susceptible
de rien distinguer.* Ni l'éclat séduisant
de deux beaux yeux , ni le charme
d'une bonne & heureuse physiono-
mie, rien, de ce qui porte dans le coeur
humain tant de trouble & tant d'a-
gitation , n'eût pas plus ému cet
être sauvage , que la rencontre d'un
squelette chassieux , difforme & dé-

goûtant : sans tendresse pour la femelle, à l'instant où ses désirs auroient été satisfaits, il s'en fût sépa-
ré pour ne plus la reconnoître : par
conséquent, nul secours de sa part
pour elle dans les travaux de l'en-
fantement, nul amour pour ses enfans, nul attrait à vivre avec ses
semblables. Tel est ce monstre ab-
surde. Ici la plume est prête à me
tomber des mains. N'y a-t-il pas
quelque honte à rapporter & à discu-
ter tant de traits d'une extravagance
inouie ? Il me semble être transporté dans la Loge du Roi des fous,
qui, pénetré de foi pour ses lumieres & ses opinions, débite grave-
ment & avec emphase une absurdité,
oublie le moment d'après ce qu'il
vient de dire, pour se contrarier lui-
même par une nouvelle absurdité,
& laisse, en un mot, pour toute im-

preſſion, la douleur que produit le ſpectacle humiliant du délire.

O Jean-Jacques ! vous qui nous avez dit : (*a*) *La majeſté des Ecritures m'étonne. La ſainteté de l'Evangile parle à mon cœur :* vous uniſſez-vous de cœur & d'eſprit avec vos freres lorſqu'ils chantent dans leurs aſſemblées ces Vers traduits du texte de l'Auteur des Pſeaumes :

» Surpris, ravi, je te dis en moi-même (*b*);
» Qu'eſt-ce que l'homme, ô Majeſté ſuprême!
» Que ta bonté daigne s'en ſouvenir,
» Et que ta grace aime à le prévenir!
» Tu l'as fait un peu moindre que les Anges,
» Qui dans le Ciel célebrent tes louanges;
» Tu l'as auſſi d'éclat environné,
» Comblé de gloire & d'honneur couronné:
» Tu l'as fait Roi ſur ces œuvres ſi belles,
» Que tu formas de tes mains immortelles;
» Tes ordres ſaints ont, ſans exception,
» Mis ſous ſes pieds tout en ſujétion.

(*a*) Emile, page 179. vol. 3.
(*b*) Pſ. 8.

Au

Au milieu de ces assemblées, ceux de vos freres qui connoîtront vos œuvres, s'ils vous adressent ces autres Versets :

» . . . . Fier ennemi ! (a)
» Faut-il que tu te glorifies
» De ta malignité ?

qu'aurez-vous à répondre ?

Avançons : la question du péché originel se présente. Quoique indifférente à l'Auteur d'Emile, il ne laisse pas de proposer chrétiennement, & de son mieux , les plus subtils Sophismes pour attaquer cette Doctrine. Terminant l'article par ces mots : (b) *Le péché originel explique tout, excepté son principe, & c'est ce principe qu'il s'agit d'expliquer ;* vous ajoutez un peu plus bas ; *vous dites* (de

____

(a) Pf. 52.
(b) Rep. au Mand. pag. 22.

E

l'homme) *qu'il est méchant, parce qu'il
a été méchant* : & moi, je montre comment il a été méchant. Or, comment
l'avez-vous montré ? Nous le remarquons, sur-tout dans les premieres phrases de la seconde Partie du Discours
sur l'Inégalité : *Le premier qui ayant
enclos un terrein , s'avisa de dire : Ceci
est à moi ; celui qui arrachant les pieux,
ou comblant les fossés, cria à ses semblables : Gardez-vous d'écouter cet imposteur* : Telle est , selon vous, l'origine
des crimes & de la perversité. D'après ce fameux principe, vous prétendez que votre *théorie se fonde sur
la Nature* (a) *, qu'elle marche à l'appui
des faits par des conséquences bien liées,
& qu'en nous menant à la source des
passions , elle nous apprend à regler
leur cours.*

____

(a) Ibid. pag. 24.

On pourroit remarquer ici, comment un Ecrivain, que *la majesté des Ecritures* étonne, ose marcher à la lueur d'un autre flambeau, & substituer des rêveries creuses à la *majesté* de la Genèse.

Si ces Ecritures étoient son guide, il y eût cherché l'Histoire des premiers hommes. Adam, Eve, Caïn, eussent aussitôt frappé ses yeux pour le faire rougir des impulsions de la Nature. S'il nous eût cité les douceurs de l'âge d'or, nous aurions à lui répondre : en adoptant cette fable, adoptez aussi les conditions horribles auxquelles Saturne accepta l'Empire du Monde : il promit de dévorer ses Enfans. Il fallut toute la tendresse de Rhée, toute son adresse, pour épargner à son époux ces crimes incroyables : ils étoient déja commis dans son cœur.

E ij

Des guides plus sublimes vous dirigent. Vous qui disputez sur le sens du mot *créa*, *employé dans la Genèse, qui nous insinuez ainsi qu'il est assez sensé d'avouer l'existence de deux Dieux , (car quelle autre idée pourroient nous offrir deux principes co-éternels?) vous qui jugez la question purement *Grammaticale* ou *Philosophique* ; vous , dis-je , plus assuré de vos lumieres que de la Toute-Puissance de Dieu , vous ne voulez pas qu'on puisse vous disputer le pouvoir & la gloire de la création. Les idées enfantées dans votre cerveau , voilà la Morale & la Philosophie qui doivent nous soumettre. Mais pourquoi , tout occupé de l'art de décrire ces idées , négligez-vous le soin de les lier , & de les faire jouer

* Réponse au Mandement, *pag.* 51.

enſemble ? Que d'autres s'en étonnent ! que ceux-ci ne s'en étonnent
pas , & qu'ils voyent en vous les effets naturels de l'eſprit échauffé par
le délire,incapable,durant ſes accès,
de mettre aucune ſuite , aucune liai-
ſon dans le raiſonnement ; vous &
moi , nous ferons une réflexion bien
différente. Nous mépriſerons , nous
enviſagerons avec pitié ces petits &
plaiſans Juges. Ils ignorent combien
les hommes ſublimes ſçavent s'élever
au-deſſus des Régles.

Je vais cependant m'humaniſer
avec eux , & rentrer dans leur rang.
De-là je vous vois obſervant l'homme compoſé de deux ſubſtances : en
lui , vous avouez deux principes ;
l'être intelligent & l'être ſenſitif.
L'être ſenſitif , ou l'inſtinct animal ,
ſi on le diſtingue bien réellement
de l'être intelligent , nous offre au

E iij

premier coup d'œil le principe de tous les vices que les Théologiens ont nommé péchés mortels. Cette observation faite & bien méditée, on voit aussitôt qu'à l'instant où l'être intelligent essaya de se livrer à l'empire de l'être sensitif, le désordre dut s'en suivre, les barrieres furent brisées. Pourquoi, & comment l'être intelligent se livra-t-il à l'empire de l'être sensitif ? Pourquoi ne s'y seroit-il pas livré ? Deux questions, auxquelles on peut également répondre : je les suivrois dans leurs détails, si je n'étois instruit que des plumes plus habiles ont été employées à vous réfuter. Le fait est, que l'être intelligent a obéi à l'être sensitif, qu'il a pû le faire, & qu'il y a peut-être moins à s'étonner des imperfections d'une créature, que de l'idée d'espérer une perfection soutenue de tout être qui n'est pas Dieu.

Pour parvenir à un plus grand éclaircissement, exposons ici une distinction essentielle, dont l'Auteur d'Emile ne paroît pas avoir la premiere notion, dont il n'a pas sçû, du moins, suivre le fil. Distinguons, dis-je, l'état de pure nature, & la Loi Naturelle. Dans le premier, observé à votre maniere, où nulle grace Divine n'éleve l'ame, où la conscience est nulle ; sans doute tous les appétits des sens entraînent. L'homme né audacieux, d'un tempéramment ardent, & dont le sang est bouillant, se livre à tous les mouvemens qui doivent suivre de cette constitution. Un autre né flegmatique, froid & timide, erre machinalement dans le Canton où il se trouve placé : il verra de sang-froid dévorer les fruits de l'arbre qu'il avoit choisi pour sa nourriture ; pourvû, toutefois qu'il en apperçoive, ou qu'il en connoisse d'autres à sa portée.

En est-il de même de la Loi Naturelle ? Le terme seul de *Loi* nous prouve le contraire. Loi , en Latin *Lex* , est dérivée de *Lectio* ou de *Legere* , qui signifient , *choix* , *choisir*. La Loi Naturelle est donc un choix des différens principes placés dans le cœur de l'homme. C'est elle qui donne des bornes à l'instinct animal, & qui indique ce qui doit lui être accordé , & quand il doit être réprimé. Sous cette Loi seule, les hommes des premiers tems , philosophiquement jugés , pourroient être réputés justes, bienfaisans , & dirigés par l'amour de l'ordre. Elle auroit été le fruit de l'expérience , de la réfle-

xion, & des malheurs. L'état de pure Nature eût précédé, & cet état,
par quelques principes qu'on le juge,
ne sçauroit nous offrir que le spectacle si bien dépeint par le Mandement, c'est-à-dire, un *mélange frap-*
pant de grandeur & de basseffe, d'ar-
deur pour la vérité, & de goût pour
l'erreur, d'inclination pour la vertu, &
de penchant pour le vice : mélange qui
résulte si simplement & si naturellement de deux substances, dont
l'une est intelligente, & l'autre purement animale.

Enfin, pour vous ravir ici toutes
les ressources que vous pourriez tirer de l'exemple des brûtes, je vous
déclare ne pouvoir, ni ne devoir
admettre le parallèle & les inductions. Au fond, l'instinct animal est
peut-être le même dans l'homme &
dans la brûte. Mais que ses modifi-

cations font différentes ! Que des organes grossiers ou déliés , varient étonnamment la machine ! L'inftinct animal dans l'homme eft propor-tionné en quelque forte à l'éléva-tion de l'être intelligent. Par confé-quent en lui les paffions plus au-dacieufes & plus fortes ne fauroient être mifes en parallèle avec celles de l'efpéce qui ne fentant en elle aucun moyen de les fatisfaire , n'eft pas fufceptible d'en éprouver l'at-trait.

Quel frein n'importe-t-il donc pas de mettre dès l'enfance à cet at-trait impérieux , toujours irrité con-tre l'ordre, difputant fans ceffe con-tre l'être intelligent , & réclamant l'état de Nature, pour anéantir la loi naturelle ? *(a) Elargiffez fon lit* (vous

---

(a) Rép. au Mand. pag. 28.

écriez-vous) & *le laissez courir sans
obstacle, il ne fera jamais de mal :*
oui, élargissons son lit, & nous ver-
rons un Enfant déchirer, égorger
son semblable, pour avoir à lui seul
la pomme que le petit camarade désire également. De nouveaux Caïns,
irrités d'une préférence dont ils n'au-
ront point été l'objet, immoleront
leurs freres. Vous qui nous citez les
loix & les châtimens comme Créa-
teurs des crimes, n'avez-vous jamais
observé que là où les loix penchent
le plus à l'indulgence, les Citoyens
sont les plus méchans ? En Turquie,
un Boulanger qui trompe sur le poids
du pain, est jetté vif aussitôt dans son
four. On ne le laisse point dans le
cas de la récidive. Nous sommes bien
plus doux en France : nous élargissons le lit bien davantage. Qu'en
résulte-t-il ? Les regiftres des exécu-

tions qui se font en Turquie , & ceux des supplices dont nous sommes témoins en France ; ces regiſtres , dis-je , nous l'apprendront. Peut-être ne compterez-vous pas sur cent malfaiteurs François , un Criminel dans l'Empire Ottoman.

De-là il me semble voir naître contre votre paradoxe des conséquences péremptoires. Je les supprime au son de votre voix. Quels doux , quels heureux sons que ceux de la voix qui nous crie (a) : *Je vais vous montrer les vrais moyens de prévenir sans gouvernement & sans loix, tous ces maux dont vous vous plaignez!*

Accourez , parlez , nous voici dans l'état où se trouvoient les fleuves & les forêts au son de la Lyre

---

(a) Rép. au Mand. pag. 25.

d'Orphée. Mais que vous troublez promptement le charme ! Votre premier souffle produit l'effet des vents impétueux. Voici l'homme , dont vous annoncez de nouveau la bonté originelle, sans mêlange de perversité ; d'où vous concluez, qu'il (*a*) *demeure bon, tant que rien d'étranger à lui ne l'altère.* Sur ce sujet, je crois m'être expliqué d'une maniere sensible, avoir du moins indiqué la vérité du principe contraire. Ici je vous le demande ; que pensez-vous de cette maxime si connue : (*b*) *Naturam expellas furcâ tamen usque recurret ?* Quoi ? nous naîtrions sans principe de perversité , la plus belle morale nous seroit prêchée dès le berceau, & avant l'âge même où les grands

(*a*) Ibid. pag. 30.
(*b*) Hor. Ep. 10.

intérês nous agitent , nous ſerions fourbes & méchans ? Voilà la con-firmation de la maxime ; j'y vois la preuve de la perverſité originelle , j'y vois l'orgueil & la concupiſcence innés , & ſur cette preuve je peux porter un jugement certain. Je vois le mieux , il me frappe , & je l'ad-mire ; & cependant je fais le pire. Voilà la Nature expliquée , voilà comment la fourche même ne peut arrêter les progrès naturels. *Naturam furcâ ,* &c.

La fourche vous paroît un moyen contraire à ſon objet. (*a*) *J'établis,* di-tes-vous, *l'éducation négative. . . Toute éducation poſitive , ſuit , comme qu'on s'y prenne , une route oppoſée à ſon but. . . . J'appelle éducation négative celle qui tend à perfeĉtionner les orga-*

---

nes, *instrumens de nos connoissances, avant de nous donner ces connoissances, & qui prépare à la raison par l'exercice des sens..... Elle ne donne pas les vertus, mais elle prévient les vices ; elle n'apprend pas la vérité, mais elle préserve de l'erreur. Elle dispose l'Enfant à tout ce qui peut le mener au vrai, quand il est en état de l'entendre ; & au bien, quand il est en état de l'aimer.*

Mon Dieu ! que vous variez dans vos opinions ! Ici vous faites dépendre nos connoissances de la vigueur de nos organes. Ailleurs un Enfant au berceau suffoquant de colere pour avoir été frappé par sa nourrice, donnant dans ses accents tous les signes du ressentiment, de la fureur, & du désespoir, vous faisant craindre qu'il n'expirât dans cette agitation, un Enfant, dis-je, en tel état, a pû vous déterminer à nous dire : *Quand j'aurois douté* (a) *que le sentiment du juste & de l'injuste fût inné dans le cœur de l'homme*, cet exemple seul m'auroit convaincu. Croyez-moi, tenons-nous-en là : que cette vérité soit notre guide. Laissons ce verbiage d'éducation négative ; éducation risible, si elle n'est odieuse, que vous entre-prendriez en vain, & dont j'assure que votre Emile vous dérouteroit dix fois par jour.

Vous aimez à imiter & à suivre la Nature. Rien de mieux pensé. Ecou-tez-la donc, observez-la bien. Elle a produit un être raisonnable. Dès qu'il est conçu, cette raison est en lui. En aucun tems, elle n'est, ni ne peut être muette. La foiblesse des organes est bien un obstacle à sa

____

(a) Emile. Pag. 107. vol. 1.

manifestation.

manifestation. Mais l'attribut essen-
tiel de l'homme existe indépendam-
ment de la vigueur & de la perfection des organes. Il est donc trois
choses à observer :

1°. Le sentiment du juste & de
l'injuste, étant inné, l'Auteur de
la Nature a donc gravé dans nos
cœurs une morale qui leur parle sans
cesse.

2°. Parmi cette morale se mêle une
passion à qui la Nature a donné des
racines si profondes, qu'on s'effor-
ceroit en vain de les arracher ; il seroit même funeste de les détruire
entièrement. Cette passion est l'a-
mour-propre.

3°. La Nature fait naître tel & tel
dans tel ou tel pays, dans telles ou
telles circonstances, avec telles ou
telles qualités.

F

Ces trois chofes vûes ; dès que l'Enfant eft ferme fur fes jambes, fa raifon eft occupée de tous les objets qui frappent fes fens. La Nature m'avertit donc qu'il eft tems de cultiver cette raifon, d'aider au développement de la morale innée.

Je me prêterai fans doute à tous les exercices du corps que l'âge permettra. Si j'avois un fils ; pour le rendre digne de vous, il feroit exercé le matin par un Coureur, à midi par un Danfeur de corde, le foir par un de ces Batteleurs à tour de force qui fupportent une enclume fur leur poîtrine. Moyennant le concours de ces habiles gens, je me flatte que mon fils pourroit mériter votre bienveillance, & que vous n'auriez pas à regretter en lui la privation de la force & de l'agilité du Sauvage.

Tandis qu'il courroit, qu'il volti-
geroit, qu'il tendroit ses nerfs, qu'il
s'endurciroit au froid & au chaud,
j'oserois prévoir par-ci par-là, par
quelque petit principe léger, à ce
qu'il s'égarât le moins qu'il seroit
possible dans ses premiers jugemens,
Cette éducation ne me paroîtroit
pas devoir être pénible à l'esprit de
l'enfant. Une terre où l'on seme par
intervalles quelques grains de fro-
ment , n'est point fatiguée. J'au-
gurerois bien de la semence. Pour
m'en assurer , je choisirois les instans
où la curiosité desireroit. J'éviterois
même très-volontiers le ton moniteur.

Le second moyen que me fournît
la Nature, pour faire une bonne éducation , je me garderois bien de ne
pas l'employer. Sur celui-ci sur-tout
e fonde tout mon espoir. J'embrasse
j'amour-propre , je le saisis ; j'em-

ploie tout mon art à le diriger, à l'élever, à l'ennoblir. Il me semble en voir découler toutes les vertus.

J'observe enfin la position où est né le jeune homme, & la comparant avec le genre & le degré de talens qu'il me prouvera, je regle moi-même ma marche, & la direction que je dois donner. S'il étoit né Prince, & qu'il me fût permis de prétendre à quelque portion du mérite de l'Auteur d'Emilie ; je croirois être un monstre si je dégoûtois cet enfant de sa condition. Persuadé que le bonheur des petits dépend de la sagesse des Grands, que les mœurs de ceux-là sont réglées sur les mœurs de ceux-ci, jugez combien je m'estimerois heureux de le raffermir dans le goût de son état, & de préparer ainsi la félicité des Provinces.

Il est une position égale à tous les

hommes, & elle m'importe essentiellement. C'est celle de Citoyen. Aussi
le nom sacré de Patrie retentiroit à
tout instant dans ma bouche. Je mé-
dirois sans remords avec mon Eleve,
de tous les mauvais Sujets du Roi,
de tous ceux qui n'envisagent qu'eux-
mêmes, de tous les hommes qui s'es-
timent par leurs richesses, de tous
les sots politiques & de tous les
cœurs bas qui ont attaché de la considération à la fortune, je le conduirois au supplice des traîtres à la Patrie,
si jamais cet acte de justice avoit lieu.
Accusez-moi tant qu'il vous plaira de
lui donner des préjugés, & de prévenir sa raison. Eh! mon cher & in-
conséquent Rhéteur! souvenez-vous
qu'un enfant au berceau vous a prouvé l'idée innée du juste & de l'injuste.
Donc, toutes les fois que j'aiderai
au développement de cette idée,

j'obéirai à la Nature ; je remplirai le premier de mes soins, l'unique peut-être. C'est un homme vertueux qu'il s'agit de former : le Ciel, la Patrie exigent que je le leur rende tel. Puis - je m'y prendre de trop bonne heure pour remplir ce devoir ? De l'éducation négative, il suivroit ce que vous imputez à l'éducation positive, sçavoir : *qu'un enfant sentiroit, en quittant le jeu pour aller étudier sa leçon, qu'obéir à son pere est un mal, & que lui désobéir est un bien en lui volant quelque frui tdéfendu.* (a) Tel doit être le sentiment d'un jeune homme dont on ne cultive que les sens, & je crois cette proposition prouvée par elle-même. Mais, si j'ai secondé le développement de la morale naturelle, si j'ai dirigé & ennobli l'amour-propre, pour le mettre à l'abri

______

(a) Rep. au Mand. pag. 32.

des abus & du caprice des hommes ;
alors l'enfant me paroît courir avi-
dement à ſes livres : la gourman-
diſe eſt à ſes yeux l'image de la glou-
tonnerie des pourceaux. Il met ſa
gloire à obéïr à ſon pere : s'il achete
un vêtement riche & brillant , il
goûte le doux plaiſir qu'on éprouve
lorſqu'on eſt bienfaiſant , parce qu'il
aura appris que les gens aiſés dans
leur fortune doivent dépenſer pour
faire ſubſiſter les malheureux, &c. Enfin s'il lui arrive de me déſobéïr , ſa
conſcience lui en fait du moins le reproche.

Déſabuſez-vous du ſéjour de la
campagne pour la bonne éducation :
J'y conduirois ſans doute le jeune
homme très-ſouvent , & nos prome-
nades ne ſeroient point indifférentes.
Il ſemeroit le bled avec le Labou-
reur , & nous reviendrions le voir

croître, germer, moissonner, moudre
& apprêter par le Boulanger. Nous
trairerions le lait des brebis , &
nous attendrions pour déjeûner ou
pour goûter , d'en avoir tiré nous-
mêmes la crême ou d'en avoir fait
du fromage. A la tonte des trou-
peaux, nous veillerions à l'apprêt ,
à la destination , à l'emploi de cette
laine. Cette dépouille seroit portée
par nos mains chez l'Artisan. Les
différentes formes qu'elle prendroit
seroient très - attentivement obser-
vées. Nous ne rougirions pas de
mettre quelquefois la main à l'œuvre
avec l'ouvrier. Il n'est aucun art
dont nous ne fussions jaloux de connoître la matiere premiere , l'apprêt
& l'emploi. Isolés à la campagne ,
nous n'aurions pas tous ces secours.
Indigné de l'ignorance des enfans
au sortir des Colléges , je voudrois
qu'un

qu'un jeune homme à douze ans connût tous les Arts, qu'il pût en parler avec tous les Artisans, tous les Manufacturiers & tous les Artistes. L'étude des Arts & celle de la Morale, rempliroient donc l'espace des premieres années. Nous n'oublierions pas de nous instruire des aventures intéressantes qui feroient nouvelle ; les Procès célebres, dont l'exposition feroit à notre portée, nous auroient pour Juges. Souvent je supposerois des différends arrivés aux Domestiques de la Maison du jeune homme. Je préparerois ceux-ci à plaider leur cause devant lui ; il en feroit l'arbitre.

J'avoue qu'avant l'âge de dix ou douze ans, je ne songerois pas à l'étude des Langues. Pour courir rapidement & avec succès cette carriere, il faut des connoissances préliminaires, semblables, si je ne me trompe, à celles dont j'aurois meublé la tête du jeune homme. Ce n'est pas que je lui fisse négliger la Langue de son pays. La seule nécessité de faire contracter l'habitude du travail, m'auroit engagé à l'appliquer d'abord un quart d'heure, ensuite demi-heure, enfin une heure, ou peut-être un peu plus à une occupation sédentaire.

L'étude des Langues & celle de l'Histoire, marcheroient donc ensemble. Nous étudierions celle-ci sur les portraits dont notre cabinet seroit tapissé. Nous l'étudierions dans les Bibliotheques en considérant les Bustes des grands hommes, dans les beaux jardins dont chaque statue nous arrêteroit, dans les Salons des Tableaux, & sur les Tapisseries des Gobelins.

Je supprime la suite & les détails du plan que je pourrois former. M'ap-

partient-il de m'ériger en réforma-
teur des Maîtres ? D'ailleurs un traité
d'éducation est-il possible à faire ?
Je n'en ai vû, je n'en peux concevoir que d'imparfaits. La plûpart des
suppositions dans ce genre sont chi-
mériques. Les plus beaux plans tom-
bent à faux. C'est sur le caractère du
jeune homme, sur le degré de son
esprit, & sur-tout sur ce qui l'entoure
qu'il importe au Gouverneur de diriger sa marche. Au reste, c'est moins
le plan & la distribution des études
qui m'embarrassent, que la difficulté
de trouver le Gouverneur : les talens pour cet emploi ne s'acquie-
rent point : il faut les tenir de la Nature. Ne traitons pas une question
qui me feroit passer toutes les bornes
que je me suis prescrites.

Je reviens à vous, & souffrez que
je vous interroge encore. Est-il vrai
que vous nous l'ayiez dit de bonne

foi ? *Tout enfant qui croit en Dieu est idolâtre ou Antropomorphite.* (a) Et comment vous croirai-je, lorsque je lirai dans un autre article : *La sainteté de l'Evangile parle à mon cœur ?* Ouvrez donc cet Evangile : consultez les Verfets 13 & 14. du chap. 19 de Saint Matthieu ; les verfets 13 & 14 du chap. 10 de Saint Marc ; les verfets 15 & 16 du chap. 18. de S. Luc. Voici ce que je trouve dans le premier de ces Evangélistes, & qui est exactement répété par les autres. Je vais citer la Traduction de J. F. Oftervald, Pasteur de Neufchâtel, pour éviter toute contestation entre nous : *Alors on lui préfenta des petits enfans afin qu'il leur imposât les mains & qu'il priât ; mais les Difciples les reprenoient. Mais Jefus leur dit : Laiffez les petits enfans, & ne les empê-*

(a) Rep. au Mand. *pag.* 35.

chez point de venir à moi : car le Royaume des Cieux est à ceux qui sont tels.
En vérité, ajoûte Saint Luc , verset
18 du chap. 18. *je vous dis que quiconque ne recevra pas le Royaume de
Dieu comme un enfant, n'y entrera point.*
Ces articles sont-ils de ceux que vous
traitez de *choses incroyables , de choses qui répugnent à la raison , & qu'il
est impossible à tout homme sensé de concevoir & d'admettre* (a)? Du moins ,
falloit-il vous borner à cet égard au
scepticisme involontaire. (b) En sortant
de ces bornes , vous justifiez toutes
les qualifications dont le Mandement
vous a chargé. Comment se refuser à
la vérité du tableau ? Vous osez appeller l'Univers en témoignage; & je vois
tous les enfans chrétiennement éle-
vés révoltés de l'injure que vous leur

(a) Emile , pag. 183. vol. 3.
(b) Ibid.

faites. J'exhorte (a), dites-vous, chacun des Lecteurs à consulter sa mémoire, & à se rappeller si, lorsqu'il a cru en Dieu étant enfant, il ne s'en est pas fait toujours quelque image. Plus vous supposez un enfant parlant d'après son maître, moins il se permet de se faire une image de Dieu : On *ne sauroit donner à l'enfant l'entendement qu'il n'a pas* (b): cela est vrai. Ce qui est faux, c'est qu'on *ne sauroit détacher ses idées des êtres matériels* (c). L'enfant qui marche seul, voit & sent très-bien que la pierre & le bois sont muets. Dès-là, il met une différence entre lui & la matiere. De cette premiere idée, l'Instituteur en fait naître d'autres tout naturellement, elles frappent la raison naissante & innée de l'enfant, & s'accordent

---

(a) Rép. au Mand. pag. 35.
(b) Ibid.
(c) Ibid.

entiérement avec elle. Ce que fait
de pis l'enfant (& ce que je puis vous
protester avoir fait moi-même à cinq
ans), c'est de comparer Dieu à son
ame. On lui a fait sentir que l'ame
est invisible. Il est si persuadé que
les esprits échappent aux yeux, &
sont dénués de corps, que si par hazard, dans la nuit, son oreille est
frappée des sons d'une voix, il croit
aussi-tôt entendre un esprit. Avouons-le de bonne foi, l'autorité de l'Evangile à part, heureux qui croit en
Dieu à trente ans, ainsi qu'y croit un
enfant à son premier lustre : oui, cet
enfant, dont on a éclairé & guidé
la raison, croit véritablement à l'Etre infini, lui rend un hommage plus sincere & plus ardent que,
ni vous, ni moi, qui raisonnons avec
le ton de la sécurité, ne lui en rendons peut-être aujourd'hui. Heureuse enfance ! heureux état ! Regret-

tons fa candeur & fa fimplicité fi pré-
cieufes. Pourquoi avons-nous fû en
perdre le mérite ? Qu'avez - vous
donc appris de nouveau fur la Divinité depuis que vous l'obfervez d'un
œil audacieux ? La voyez-vous, la
concevez-vous mieux ? Le plus grand
effort de votre raifon n'eft - il pas
d'avouer que vous ne fauriez la comprendre & l'apprécier ? Au - deffus
de cette raifon dont l'effort téméraire vous égare & vous aveu-
gle, l'enfant a l'avantage de cette
foi tranquille qui naît de la loi naturelle. Qu'avez vous donc prétendu
nous dire lorfque vous avez employé quelquefois le terme de *Reli-*
gion naturelle ? Par quel étrange con-
trafte le peintre de l'homme *borné au*
feul inftinct phyfique, nul & bête, s'avife-
t-il de hazarder le mot de *Religion na-*
turelle ? Laiffez votre homme dormir,
& vivre *en paix avec toute la nature*.

lorsqu'il a dîné (*a*). C'est un bel original à peindre ; c'est une belle image dont on doit regretter les traits effacés, qu'un gros & gras cochon qui, tapi dans la boue, digere son gland.

Quoi ! vous adoptez une Loi naturelle, des principes innés du juste & de l'injuste, vous définissez l'homme, *avec nous*, être raisonnable ! Et vous ne pensez pas que la même main qui a bien voulu graver ces principes, ait daigné graver aussi des notions qui menent à sentir son existence & sa Majesté ? Et vous prétendez réserver pour derniere connoissance à un Etre doué essentiellement de raison, l'idée du Créateur dont il tient la vie & l'existence, de cet Etre infini dans ses dons, qui tous

---

(*a*) Disc. sur l'Inég.

les jours fait lever le soleil & briller les étoiles, qui fait fleurir les campagnes, succéder les saisons, qui parle sans cesse à notre ame par l'organe de notre conscience, où il a gravé les principes de sa Morale Divine. Ah ! les cieux & la terre, le firmament & les Astres, les bêtes féroces & les forêts, le cœur humain, ~~l'El⋯⋯⋯dép⋯f⋯⋯⋯~~ tre vous. Raisonneur insensé ! que vous m'inspirez de pitié pour la raison de l'homme viril !

C'est la différence des Cultes qui vous inquiéte. Vous voyez les Peuples forcés d'errer les uns chez les autres, & mourir avant d'avoir pû se décider. Eh ! il faut bien que je le répéte avec le Mandement, *Mentita est iniquitas sibi.* Quoi, vous êtes en peine de fixer la croyance & le culte, & vous avez un Livre à offrir auprès duquel, de votre aveu, tous

Ses Livres des Philosophes sont petits, (a) où *la plus haute sagesse se fait entendre,* (b) où il existe *des caractères de vérité si grands, si frappans, si parfaitement inimitables,* (c) qu'il vous contraint à vous récrier: *Quels préjugés, quel aveuglement ne faut-il pas avoir pour oser comparer le fils de Sophronisque au fils de Marie!* (d) Portez donc ce Livre chez ces Peuples incertains sur leur Religion: épargnez-leur leurs courses. Dans l'opinion où vous êtes il y a peu d'obstacles à vaincre, il n'est plus de difficulté. La croyance & le culte seront également réglés. La croyance est expressément établie; & pour régler le culte, ce même Evangile laisse aux Ministres de Dieu le droit & le pouvoir d'en décider.

____

(a) Réponse au Mandement, pag. 179.
(b) Ibid. pag. 181.
(c) Ibid. pag. 183.
(d) Ibid. pag. 180.

Je reviens à une de vos réflexions qui m'est échappée, & qu'il n'y a pas moyen de passer sous silence. (a) *C'est, dites-vous, que de tant de Rois qu'a eû notre Nation, le meilleur est le seul que n'ont point élevé les Prêtres.* Je m'étonnerois peu du propos, s'il partoit de ces petits Ecrivains, suppôts des Caffés, où les dogmes de politique se traitent avec tant d'impertinence, où les Dissertateurs prétendant jouir de la liberté de la Chambre des Communes, débitent leurs plaisans paradoxes ; toutefois, avec quelque crainte de la ronde de l'Exempt ou de ses Mouches ; mais, où le feu du génie transforme en Romains ces cœurs allumés. Là (m'ont attesté gens digne de foi) on y parle des Prêtres dans les termes dont vous vous servez, & ce sont souvent des

____

(a) Réponse au Mandement, page 30.

gens vêtus en Prêtres, même affublés de grands chapeaux qui r'enchériſſent ſur les injures. Là, ainſi que vous, on ſuppoſe les Prêtres réduits à l'Aloiſia pour toute nourriture. Ni la réputation qu'a mérité de tout tems le corps reſpectable des Curés de Paris, ni une multitude d'excellens Paſteurs répandus dans le Royaume ; ni leur aſſiduité à ſolliciter aux pieds des Autels la proſpérité de l'Etat & celle de nos Maîtres ; ni les liens par leſquels il nous tiennent, ſoit comme freres, ſoit comme oncles ou neveux ; ni la dignité du Sacerdoce : aucune de ces conſidérations n'eſt reſpectée. On voit ſur-tout triompher les gens de votre ſecte, lorſqu'ils trouvent l'occaſion de médire d'un Prêtre, pour les déchirer tous. Chez elle c'eſt un goût prédominant ; l'Ouvrage que je réfute eſt bien la preuve du goût délicieux que vous y trouvez vous-même. Le mot de Prêtre ne vous échappe jamais sans être suivi d'une injure grossiere. Les vertus, sous votre plume, prennent les couleurs du vice. Dans quelqu'une de vos notes vous vous récriez avec horreur contre leur célibat, contre cette prétendue innovation destructive : & vous ne daignez pas vous assurer, que dès le commencement de l'Eglise Chrétienne, il n'a jamais été permis aux Prêtres, aux Diacres même d'enfreindre le Célibat. On admettroit, à la vérité, aux Ordres des hommes mariés, lorsqu'ils s'étoient distingués par leurs vertus. Mais aucun de ceux qui se consacrerent aux autels avant d'avoir contracté les nœuds du mariage, ne purent cesser d'être célibataires.

Dans votre remarque politique qui m'arrête, il y a aussi peu de sens que de décence. Je doute fort que le Précepteur d'Henri IV valût les sublimes Fenelon & Bossuet. Je doute qu'il fût aussi propre que l'ancien Evêque de Limoge, à former des Princes Chrétiens. Quoi qu'il en soit, s'il m'étoit permis de chercher ailleurs que dans l'ame de ce Monarque le principe de sa grandeur & de sa bonté, je penserois qu'il les dût bien moins au Précepteur, qu'à l'Ecole du malheur, & aux rudes épreuves qu'il eut à essuyer avant de monter sur son Trône. Auprès de lui, je vois un Sulli & un Mornai. Croyez-le : le Favori contribue beaucoup à la gloire ou au malheur des Princes, parce que c'est de lui que part le mensonge ou la vérité. Quiconque s'est emparé de l'esprit d'un homme, le dégrade ou l'éleve. Les Rois sont des hommes, plus faits que tous les autres pour être trompés, parce que la séduction employe auprès d'eux l'art le plus rafiné. Dans le rang fuprême où le Ciel place les Princes, je juge impoffible qu'aucun d'eux ne foit naturellement jaloux de plaire & de répandre le bonheur. Auffi le murmure contre leur perfonne ou leurs démarches, eft prefque toujours une injuftice affreufe. C'eft à la fource qu'il faut remonter lorfqu'on veut juger fainement.

Pourquoi donc, & comment la corruption a-t-elle gagné le cœur humain? Candide nous répondra: les Eperviers ont toujours mangé des pigeons quand ils en ont trouvé: & c'eft au vrai un des raifonnemens les plus fenfés des Philofophes. Mais vous, bien mieux inftruit, & bien plus pénétrant, vous trouvez la fource de nos maux *dans notre ordre focial qui de tout point contrarie à la nature (a), que rien ne détruit, la ty-*

______

(a) Rép. au Mand. pag. 67.

rannife

rannise sans cesse, & lui fait sans cesse réclamer ses droits.

Frappé de cette observation, je cherche quels sont dans l'Europe les peuples les moins policés ; je vois les Russes. Quel spectacle ? Si c'est ainsi qu'on remonte par degrés à l'état de Nature, que cet état est affreux !

Je vous accorde que l'ordre social contrarie à la Nature, c'est-là aussi le plus important objet dont il ait, à s'occuper, pourvû qu'en la contrariant il s'occupe à faire régner la loi Naturelle ; & de quelle autre loi est émané notre ordre social ? Sur quels autres fondemens s'appuie-t-il ? Une Religion, un Roi, des Loix sages, des Militaires, des Magistrats protecteurs du Peuple, & le représentant, des Artistes, & des Artisans : tel est l'ordre général établi dans notre Société. Quels droits la Nature

a-t-elle à réclamer contre cet ordre ?
L'égalité. Oseriez-vous nous le dire
encore ? Pourriez-vous jamais nous
peindre quelque siécle & quelque
génération, où les hommes ayent été
indépendans ? Le premier Pere de
famille a été le premier Roi. Sa force
ou ses vertus lui ont nécessairement
assujetti sa femme & ses enfans. Plus
les familles se sont multipliées, plus
il a été nécessaire de conserver au
chef l'autorité nécessaire, pour prévenir le désordre & les différends nés
de l'amour-propre, ou pour y remédier : l'image de ce premier Gouvernement a donc fondé les Monar-
chies. Troublées par les passions nées
avec l'homme, leur bonheur dépen-
doit des moyens qui sauroient les
éloigner de la férocité sauvage de
la Nature, & adoucir les mœurs. Convenons de la signification du terme,
& définissons ici ce qu'on doit en-

tendre par *mœurs*. Sans doute nous
ne les bornerons pas à la macération
du corps, à la chasteté & à la sobrié-
té. J'entends par bonnes mœurs, le
sacrifice des passions qui contrarient
l'union & la concorde, la sûreté du
commerce social. D'après cette défi-
nition, la seule vraie, la seule
exacte, ce me semble, examinez &
jugez nos institutions sociales en elles-mêmes, & vous verrez qu'elles
exigent le sacrifice constant & perpé-
tuel de l'amour-propre, principe
de toute discorde, que nos manieres
& nos usages ne permettent plus à
l'orgueil de s'annoncer de front. Direz-vous, qu'en s'obligeant à se cacher, il ne se resserre & se comprime
que pour prendre une nouvelle acti-
vité? Cela n'est pas toujours vrai;
d'ailleurs, toutes les fois que je dé-
robe au Public le spectacle du vice
audacieux, je préviens le pouvoir
H ij

funeste de l'exemple, & j'ai toujours
fait un bien. Mais de ce bien, il résulte peut-être que le particulier n'en
est que plus vicieux, puisque la fausseté se joint à son vice. Autre proposition à examiner, & dont les détails épineux exigent, & plus de recherches, & plus de loisir, & plus
détendue, que je n'en destine à cet
ouvrage. Au reste, le Législateur
d'une Nation a rempli son objet,
lorsqu'il a contraint les vices à se
cacher de maniere, qu'on n'ose plus
se montrer que sous les traits de
la vertu & en prouver les actes.

La France en étoit presque à ce
point avant que les progrès du luxe
eussent répandu le poison dans nos
cœurs. Quel reméde auroit à offrir
le zéle d'un Citoyen ? le plus beau
Traité d'éducation seroit inutile pour
le général. Peu de Gouverneurs sauroient le suivre, & s'y conformer.

Il n'est qu'un moyen pour réparer les maux qui attaquent le nerf de la Patrie. C'est d'être honoré de la confiance & de l'appui du Chef de la République. Un Citoyen né avec des lumieres, capable d'un noble désintéressement, d'un zèle infatigable, dont l'âme courageuse & honnête sauroit s'élever sans cesser d'être modeste, dont l'esprit doux & actif ne jugeroit d'aucune partie sans l'avoir comparée avec l'ensemble, ne proposeroit aucun moyen sans savoir le rendre agréable, marcheroit à pas lents à la réforme sans avoir l'air de réformer ; voilà le moyen que nous ne trouvons ni dans vos pénibles recherches sur l'homme, ni dans la misantropie de vos Paradoxes.

A présent plaignez - vous de l'ingratitude & de la stupidité des Gouvernemens qui n'érigent pas des statues à J. J. Rousseau. *S'il existoit en*

*Europe un seul Gouvernement éclairé,
un Gouvernement dont les vues fussent
vraiment utiles & saines, il eût rendu
des honneurs publics à l'Auteur d'Emile, il lui eût élevé des statues* (a). Vous
êtes vous-même un ingrat, & vous
oubliez quels honneurs publics vous
ont été rendus par l'Auteur de la
Comédie des Philosophes. Un homme à talents, qui vous représente sur
le théatre le plus brillant de l'Europe, vaut bien pour votre gloire un
bloc de marbre sculpté. Enfin, vous
n'êtes pas content, il vous faut une
statue. Vos plaintes me touchent ; je
pourrois y remédier, faire moi-mé-
me les frais de la statue ; la placer
dans un lieu que j'ouvrirois au Public : car que vous importe, le coin
que vous tiendrez dans le Royaume,
pourvu que vous y soyez en spectacle à quiconque voudra vous con-

---

(a) Rép. au Mand. pag. 127.

templer ? Convenons enſemble des attributs de la ſtatue ; comment faut-il vous repréſenter ? Eſt-ce un Diogène , foulant avec des pieds fort ſales les beaux tapis de pourpre de Platon ? Mais quelque mauvais plaiſant afficheroit pour inſcription le ſourire dédaigneux & la réponſe de Platon. Hercule , avec ſa maſſue , purgeant la terre des monſtres , ſeroit-il mieux votre emblême ? Tous les Gouvernemens ſe réeriroient , ils ne vous ont vû qu'enfanter des monſtres , loin de les détruire. Vous aimeriez aſſez vous voir accompagné par Thétis , qui vous indiqueroit les moyens de rendre Emile invulnérable : pour votre malheur , nous ſommes Chrétiens. Les Chrétiens ne s'eſtiment invulnérables que par le ſecours de la Religion , & vous ne voulez pas qu'on en parle aux jeunes gens. En Chiron , & en Hermès , vous feriez mieux caractérifé ; mais la repréfentation vous offenferoit. Chiron étoit un Médecin , & vous avez très-juftement décrié les Profeffeurs de cet Art. Hermés , en donnant aux hommes les éléments des Sciences , a ouvert , felon vous, la fource des vices qui corrompent nos mœurs. Orphée enfeignant le culte des Dieux pourroit vous déplaire. Cet enchanteur donnoit des préjugés , & vous voulez que chacun regle fon culte au gré de fon imagination. Enfin Uliffe foumettant Circé , vous transporteroit de colere. Uliffe étoit un Grec fin & rufé , par conféquent faux , & vous préférez le vice fcandaleux , au vice qui fe cache. D'ailleurs une femme auprès de vous , vous qui les avez toutes jugées fans honneur, d'après nos inftitutions fociales , vous qui avez écrit pour corrompre les femmes.

mes qui conserveroient encore quelque principe de vertu : En vérité, ce
feroit vous faire un outrage trop fan-
glant. Me voilà donc dans le plus
grand embarras pour remplir mon
projet. J'ai beau m'épuiser en recherches ; par-tout je vois des images
peu reffemblantes. Quelquefois je
fonge à vous figurer en lion ou en
Coloffe, entouré de fourmis, d'â-
nes ou de grimauds ; mais ces grimauds eux - mêmes pourroient très-
bien vous reclamer pour leur camarade. Ils prétendroient vous égaler
par la jufteffe du raifonnement ; je
renonce à cette derniere idée. Une
feule me refte. L'eftampe placée à la
tête de l'Eloge de la Folie me la
fournit ; mais elle eft trop méchante,
& j'y renonce encore ; daignez donc
m'adreffer vous - même le plan & le
deffein. Je vous garantis l'érection
de la ftatue, fi le fymbole des attri-

buts est exact. Gardez - vous de me reprocher que je transgresse les Loix de la Charité Chrétienne. De votre part, le reproche seroit injuste. On est entraîné par l'exemple des gens qu'on aime ; & je vous aime fort dans les situations ingénieuses & touchantes de l'amour vertueux d'Emile & de Sophie. Avouez avec la même sincérité que votre plume, trempée dans le fiel, a prétendu noircir les plus belles ames, que votre réponse au Mandement ne respecte rien. Vous prétendez être un homme de paix. Vous implorez la charité contre les qualifications dont on accable vos œuvres & votre personne. Et vous-même, au mépris de la charité, de toute vérité même ; vous dénoncez à l'Univers les Prêtres Chrétiens, comme ne croyant pas en Dieu: vous nous citez des faits, ou faux, ou mal rendus,

Vous nous citez un Citoyen infortuné, un vieillard malheureux, un pere de douleur, expirant ſur la roue par les coups de la Religion, comme ſi vous ignoriez cette Hiſtoire ; & à qui doit être imputée cette mort déplorable. A cet égard, ſi vous êtes excuſable, je vous excuſe. Un Avocat célébre de Paris vous avoit prévenu. Dans un Mémoire où l'effort de l'art eſt tracé à chaque ligne, également dénué des moyens naturels, & du ton lamentable, qui devoit ſeul ſe faire entendre ; il mêle parmi ſes figures de Rhétorique, étrangement déplacées, une exclamation contre les foudres de l'Egliſe, qui ont allumé, dit-il, le bucher où a péri l'innocent. Sans reſpect pour la Nation, ſans prendre la peine de s'aſſûrer des faits hiſtoriques, il impute à Touloûſe de célébrer tous les ans un maſſacre de Huguenots. Il ne veut pas s'instruire que ceux-ci s'étant emparés à main armée de Toulouse, y ayant commis les actes d'hostilité les plus sanglans, s'y étant portés à tous les excès, les Habitans on dû regarder comme une preuve signalée des secours divins, le succès qui les délivra de ces ennemis sanguinaires. Qu'on accuse donc les Princes Chrétiens, lorsqu'ils font chanter des *Te Deum* après leurs victoires, de célébrer, non la prospérité de leurs armes & la protection du Ciel, mais l'effusion du sang humain.

Quand de tels Ecrivains se succedent & se multiplient, il faut bien sévir contre les perturbateurs de la paix publique. Ils ont la ressource de crier à l'intolérance. Quelle est donc cette intolérance dont vous avez à vous plaindre ? Le Gouvernement ne souffre pas qu'on éléve

'Autel contre Autel, & il ne doit ni
ne peut le souffrir. D'ailleurs a-t'on
jamais inquiété quelqu'un sur sa façon
de penser, lorsqu'il ne l'a pas fait
éclater au scandale de ses freres, &
que le danger de ce scandale n'a pas
été imminent par le faux zèle qui
s'appliquoit à séduire les ignorans
ou les foibles? Tel a été l'objet de
vos travaux. Examinez, pesez vos
œuvres. Quel vaste champ n'offrent-
elles point pour vous atteindre &
vous frapper à chaque pas ? Quelle
maniere de raisonner sur la révéla-
tion & sa nécessité ! Quelles sorties
misérables & vulgaires contre la
Mission & l'autorité des Chefs de
l'Eglise ! Vous traitez ces matieres
avec votre style ordinaire à la vérité :
mais pour le fond, je compare votre
sçavoir à la Physique des Pâtres.
D'abord je m'étois proposé d'étendre
mes réflexions, de ne laisser échap-

I iij

per aucune de vos propositions ; mais le jour même que j'avois formé le projet & entrepris le travail, j'appris que d'autres que moi étoient occupés à vous réfuter, & peut-être avoient déja rempli cette carriere. Persuadé qu'ils en sortiront avec bien plus de gloire que je n'aurois pû en espérer, j'ai resserré mon plan, & je me suis borné à quelques Articles essentiels. Au reste il en est beaucoup qui ne méritent pas d'être discutés. L'agrément du style les fait lire. La proposition jugée sur le fonds révolte ou dégoûte.

Avant de vous quitter, je vais vous citer au tribunal de votre conscience. C'est à elle que j'en appelle, non pour vous arracher un aveu public, mais pour vous opposer son propre cri. Quel fruit avez-vous pû espérer de vos œuvres ? De quelle utilité peuvent être vos maximes

fondamentales ? Quel bien peut ré-
sulter de leur Analyse ? Le voici :
1°. on renoncera à toute science , à
toute étude ; nous rentrerons dans
les siecles d'ignorance , & l'urba-
nité chassée de nos Provinces , je
les vois livrées à l'empire de la passion innée avec l'homme. Qu'on en
présage les effets. 2°. Persuadés que
l'Etat naturel de l'homme est l'indépendance , qu'il a perdu son bonheur en commençant à connoître
d'autres besoins que la nourriture ,
le repos & une femelle , je romps
tout lien qui m'attache , & je vais
chercher le bonheur que m'indique la
Nature. 3°. Fatigué du joug de l'E-
vangile , je consulte avec moi-même
quelle Religion s'accorde mieux avec
ma raison : la raison m'indique cer-
tainement la plus commode ; c'est
celle que j'embrasse.

J'attends bien que vous allez vous

récrier : conséquences ordinaires à mes Adversaires qui ne voyent qu'une phrase, & qui prennent mes propres idées pour me combattre ! A cela je réponds : j'ai vû toutes vos manieres de vous replier, tous vos correctifs artificieux. Mais enfin, tout refléchi, tout médité ; je vois que les Sciences ont corrompu les mœurs ; que l'homme a perdu son bonheur primitif ; que les différentes Religions sont remplies de principes dictés par le Fanatisme. Or, la pureté des mœurs étant le bien le plus précieux, j'y dois tout sacrifier ; le bonheur étant l'objet naturel de l'homme, je dois le chercher à tout prix ; la Religion étant le don du Ciel le plus sacré, je ne dois souiller d'aucun mélange la pureté de ce don. Par conséquent je renonce aux Sciences, à la Patrie, à la Loi Chrétienne. Me voici ignorant, sauvage, & le croyant de la Nature.

Lorsqu'on a sçû fournir la vraisem-
blance de telles inductions, a-t-on
écrit pour former des Citoyens & des
Chrétiens ? Peut-on se glorifier de faire consister sa Religion à pratiquer des
vertus, lorsqu'en publiant leur nom
on s'efforce d'en ébranler tous les
fondemens ? Est-on homme de bien
lorsqu'on prêche le mensonge, &
qu'on ferme ses oreilles au murmure
de l'Univers entier ? Les décorations
de l'édifice ne m'éblouissent point.
Est-il composé de pierre, de sable,
ou de salpêtre qui menace mes jours ?
voilà ce que je recherche. Mais, di-
ra l'Architecte, ne voyez-vous pas
dans cet angle de la pierre de taille;
sur le toit, de l'ardoise; là, des solives
qui soutiennent le plancher ? Oui ;
je vois tout cet assemblage. Ce que
je vois aussi, traître ! ce sont les traî-
nées de poudre à canon que tu n'as
pû répandre que pour me donner la
mort.

Croyez-vous qu'on ne vous démê-
le pas bien, qu'on ne life pas au fond
de votre cœur quand vous écrivez,
par exemple: *Lorfque tel eft l'état des
choſes que plus rien ne ſçauroit changer
qu'en mieux, les préjugés ſont-ils ſi
reſpectables qu'il faille leur ſacrifier la
raiſon, la vertu, la juſtice, & tout
le bien que la vérité pourroit faire aux
hommes* (a)? Peſons ces paroles, dont
l'audace redouble en les comparant
avec celles qui précédent & qui ſuivent. Nous voilà donc au pis, felon
vous, voilà le ſignal donné aux Citoyens. S'ils ne vous ſuivent pas, s'ils
n'accourent pas ſous l'étendard de
vos maximes, ce n'eſt pas la faute de
vos ſoins. Et qu'auront-ils à faire en
vous ſuivant? Brûler leurs Temples,
immoler les Miniſtres de la Religion,
mépriſer leurs Magiſtrats, ſecouer le

(a) Réponſe au Mandement, *pag.* 68. & 69.

joug du Gouvernement , marcher vers l'indépendance. Voilà les attributs de votre statue ; voilà votre morale : elle ne produira pas tous ces maux ; mais elle séduira quelques âmes foibles , entraînera les cœurs à demi-pervertis , & à coup sûr elle en fera des menteurs , des coquins & de perfides Citoyens. Déja vous leur avez appris qu'il faut sçavoir se faire une Loi selon son cœur ; que *nul de nous ne pouvoit trouver son intérêt qu'à mentir ; que dès l'enfance nous n'étions entourés que de professeurs de mensonge ; que durant le cours de notre vie nous n'étions exposés qu'à des brigands, posant des fanaux sur des éceuils , pour nous entraîner plus sûrement vers notre ruine.* En un mot , quelles ne font pas les maximes séditieuses dont vos Œuvres fourmillent ? Maximes affreuses ! vous avez sçû les mêler parmi des sentences de vertus , comme si vous aviez craint de ne pas porter un coup aſſez mortel à la Patrie. Je vous quitte. Mon ame, peu propre au genre critique, eſt déja fatiguée de ſon effort, quoiqu'il n'ait pû produire que de foibles lueurs. Que d'autres vous ſuivent & vous combattent avec plus de patience, plus de courage & plus d'énergie. Vous ne manquerez pas de reſſources dans votre imagination, dans votre cœur & dans votre ſtyle. Mais ſachez que ces reſſources ne ſerviront qu'à maintenir & à accroître notre indignation. Les François mettent leur gloire à aimer leur Religion, leur Prince & leurs Loix.

Pedius quid? Crimina raſis
Librat in antithetis, doctus poſuiſſe figuras:
.... An Romule, ceves? *Per. ſat.* 1.

F I N.